鈴木翼 & 福田翔の イェイ!イェイ!ジュース!!

0・1・2歳からのあそびうた

鈴木 翼　福田 翔

鈴木　翼

子どもたちが笑うあの顔が見たくて、また新しい歌をたくさんつくりました。

翔くんと遊びながら、笑いながら、時に悩んで立ち止まり、試行錯誤の末、出来上がった特別な１２曲です。

僕らは「子どもも大人も楽しい！」ということが大事だなと思っています。

「手遊びをやっていて楽しい！」「踊っていて楽しい！」と自分が感じると、それはそのまま子どもたちに届いていきます。そして、一緒に笑い合う最高の時間が訪れます。

その瞬間を感じてもらえたら嬉しいです。

僕は保育士のとき手遊びやダンスがとにかく苦手でした。保育士になったばかりの頃は、手遊びを１つしか知らない保育士でした。

それが中川ひろたかさんをはじめ、先輩方のコンサートに行って自分が楽しむことを知り、教えてもらった遊びを子どもたちにおろしてみました。するとびっくりするぐらい盛り上がりました。その瞬間、恥ずかしさは消えて、「楽しい！」が勝ったのです。

あの日から僕の保育は変わりました。僕はその伝えてもらったあの楽しさを、今度は僕というフィルターを通してみなさんに伝えたいのです。「楽しい！」は最強です。辛いこと苦しいことを乗り越える希望です。

たくさんのみんなの手でできあがった CD ブック。
どうか、みなさんの日々が笑顔でいっぱいになりますように。

みなさん！ 翼さんとの新しい CD ブックができました‼
第 1 弾の『いない いない わお！』からさらにパワーアップして、手遊び、ふれあい遊び、ダンス、音頭、歌と、盛りだくさんな第 2 弾になりました！
　子どもたちと一緒に、思い切り楽しんでいただけたら嬉しいです！

　今回も製作にあたり、翼さんと歌詞をお互いに出し合い、遊び合い、話し合いながら進めていきました。保育現場でも子どもたちと実際に遊んでみて、そこから修正を加えました。子どもたちと一緒に笑顔があふれる時間になってほしいと願いながら形にしていきました。

　そして、今回収録している「歌」もおすすめです！ オープニングソング、バースデーソング、そしてメッセージソング。子どもたちと一緒に歌ったり、歌いかけてあげたりしてほしいです。
　"歌ってよし 遊んでよし 聞いてよし" の CD ブックになっております！

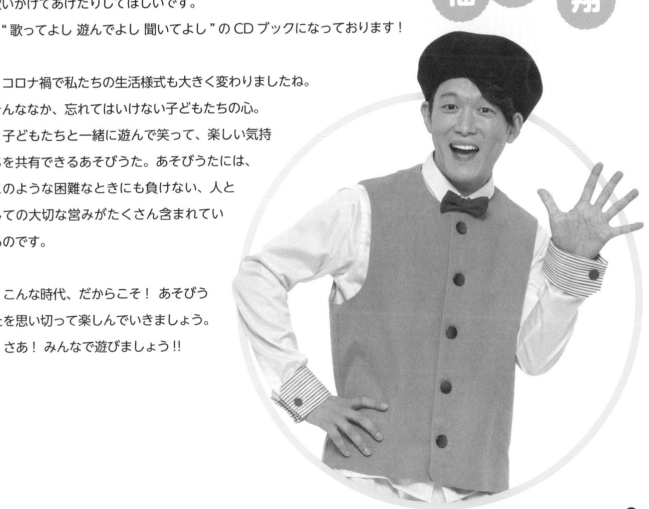

福田　翔

　コロナ禍で私たちの生活様式も大きく変わりましたね。
そんななか、忘れてはいけない子どもたちの心。
　子どもたちと一緒に遊んで笑って、楽しい気持ちを共有できるあそびうた。あそびうたには、このような困難なときにも負けない、人としての大切な営みがたくさん含まれているのです。

　こんな時代、だからこそ！ あそびうたを思い切って楽しんでいきましょう。
　さあ！ みんなで遊びましょう‼

Contents

マークについて

●対象年齢の目安●

2歳から

あくまでも目安です。子どもの様子を見ながら、アレンジをするなどして遊んでください。

●遊びのシーン●

 毎日の保育　 行事　 子育て支援

毎日の保育での普段遊び、発表会や運動会などの演目、子育て支援での親子遊びなど、主に使えるシーンを表示。

●遊びの種類●

体遊び　手遊び
表現遊び　指示遊び
ふれあい遊び　ダンス
ハンカチ遊び　音頭　など

はじまりはいつも

オープニングソング

行事　子育て支援

楽譜➡P.7〜9

♪かぜがふく　きがゆれる　ひかりきらめく
　みみをすます　むねがたかなり　いっしょになった
　それは　おんがくのはじまり

★どんどん　からだに　ひろがって
　だんだん　うれしく　なっちゃって
　やわらかい　こころになっていく
　はじまりは　いつも　ぼくからだ

♪こえをだす　てをたたく　からだがゆれる
　てをつなぐ　こころかさなり　いっしょにわらった
　それは　ともだちのはじまり

★くり返し

　せかいのおとが　みんなのこえが
　ぼくのからだに　ひびいていく

★くり返し×2

　はじまりは　いつも　ぼくからだ

音楽は楽しい気分、さみしい気持ちに寄り添ってくれる、人が生きるうえで欠かせないもの。そう思うと音楽っていつ、どのように生まれたのかなと考えてしまいます。そんなとき、風が葉を揺らす音に耳を澄ましていたら、自分の体も鳴りはじめた気がして「あ！ これがきっと音楽のはじまりだ！」と歌詞を書きました。そこに翼さんが元気が膨らむメロディーをつけてくれました。そんなやりとりも"音楽してる"って感じ!?　音楽っておもしろい。(翔)

はじまりはいつも

作詞／福田翔　作曲／鈴木翼
編曲／本田洋一郎　ピアノ編曲／別府のどか

どんどん！ どんどん！

1歳から

体遊び
表現遊び

毎日の保育　子育て支援

楽譜➡P.11

1番

1 ♪そらが げんき

みんなで集まって座り、リズムに合わせて腕を振る。

2 ♪おー！

元気よくこぶしを上げる。

3 ♪みんな げんき おー！

1、2をくり返す。

4 ♪いこう！ こうえんに みんなで いこう

1と同じ。

5 ♪おー！

2と同じ。

6 ♪「みんな立って！」

あっ 電車きたー！ みんな立ってー！！

「電車がきたよ！ みんな立って」などと子どもたちに声をかけ、立ち上がる。

7 ♪どんどん どんどん どんどん どんどん でんしゃ きたー！

リズムに合わせ、顔の前で左右の腕を上下させながら、膝を屈伸させる。

8 ♪きたー

両手を上げる。

9 ♪「バーイバーイ」

バイバーイ！！

去っていく電車を想像して、手を振る。

10 ♪おちゃでも のんで おいしいね

座ってリズムに合わせて体を揺らし、手をコップに見立ててお茶を飲むまねをする。

★ **2番** 以降も同じようにくり返す。

★「特急きたー！」「貨物列車きたー！」で立ち上がる。

※座ったまま、立ったまま遊んでもOK。

★最後の「ごはんのじかん〜」は胸に手をあてて体を揺らす。

電車を見にお散歩に行って遊んでいたときのことを思い出して作りました。「きたねー」「バイバーイ」と何度もくり返し楽しむ子どもたち。たまにお茶を飲んで休憩して、また電車を見る。ただそのくり返しが本当に楽しいんですよね。「電車きたねー」「行っちゃったねー」という会話はとても共感性が高いのです。子どもたちも一緒に「ねー」とうなずいている。そんな日常の何気ないなかに安心につながる瞬間があるように思います。（翼）

TRACK 2 どんどん！どんどん！

作詞・作曲／鈴木翼　福田翔
編曲／まつむらしんご

0歳から

ピタポロ

ハンカチ遊び

毎日の保育　子育て支援

楽譜➡P.13

1 ♪らんらららん らんらららん

いすに座り、ハンカチを両手で持って体の前で揺らす。

2 ♪ピタ

ハンカチを丸めて肩や頭など体につける。

3 ♪ポロ

手を放してハンカチを膝に落とす。

4 ♪らんらららん らんらららん

1と同じ。

5 ♪ピタ

2と同じ。

6 ♪ポロ

3と同じ。

7 ♪らんらららん　らんらららん らんらららん　らんらららん

1と同じ。

8 ♪ピタ

2と同じ。

9 ♪ポロ

3と同じ。

10 ♪シュー！

ハンカチを上に投げる。

11 ♪ピタ

ハンカチをキャッチして丸める。

12 ♪ポロ

膝に落とす。

何度やっても1歳児が大笑い!

1歳児と遊んでいるときに、一番ウケたのが、この「ポロ」っと言いながらハンカチを下に落とすことでした。何度やっても本当に楽しそうに笑う子どもたちを思い出して歌にしました。遊びの前に、ハンカチを棒状にしてあいさつ遊びをしたり、どっちの手にハンカチが入っているかと遊んでみたり、顔を隠して「いないいないばあ」をしてみたり、いろいろな遊びからこの遊びにつなげてみるといいですね。(翼)

くり返し①

★ 1~12 をくり返す。ハンカチをつける場所をいろいろ変えて楽しむ。

くり返し②

★スピードアップするリズムに合わせてくり返す。

子どもが喜ぶ! ここがポイント

保育者は「ポロ」でハンカチを落としたときに「あちゃー」というがっかりした、悲しげな表情をするのがポイントです。普段はあまり見せない大人の「あちゃー」という雰囲気に子どもたちは大笑いします。

アレンジ 最後にハンカチを隠してもうひと笑い!

最後に「あ!」とどこかを指さして、子どもたちがそっちを見た隙にさっとお腹などにハンカチを隠します。「なくなっちゃった……、でも……、お腹から出てきました~!」と言っておしまいにしても、最後にまた笑えます。

ピタポロ

作詞／鈴木翼　作曲／福田翔
編曲／下畑薫

らん ららん らん ららん ピ タ ポロ らん ららん らん ららん ピ

タ ポロ らん ららん らん ららん らん ららん らん ららん ピ

タ ポロ シュー! ピ タ ポロ タ ポロ

のりのり！おむすびくん

ダンス

行事　子育て支援

楽譜➡P.17

前奏

腕を伸ばして体の前で上下に振りながら、体を左右に動かす（24拍）。

腰に手をあて、膝を軽く曲げ伸ばししてリズムをとる（8拍）。

1番

1 ♪ぼくは

2 ♪おむすびくん

3 ♪ゆかいな おむすびくん

右腕を伸ばし、体の前に出す。

左腕を伸ばし、体の前に出す。

両腕を伸ばしたまま左右に振りながら、腰も腕と反対方向に振る。

4 ♪かわいい

5 ♪かたちに

6 ♪みんなは メロメロ

7 ♪おこめは げんきの みなもと

1と同じ。

2と同じ。

3と同じ。

両手のこぶしを上げて、上下に振りながら回り、後ろを向く。

腰をフリフリ！ノリノリがキュート

「ノリノリなおむすびがあったらどんな感じかなぁ」というところからイメージが広がって、かわいいダンスが完成しました。これ、「ノリノリ」と「海苔」がかかっているんですよ（笑）！ 子どもたちと腰をフリフリ、ノリノリで踊ってもらえたら嬉しいです。おむすびを小麦粉粘土や粘土でつくったり、絵に描いたりして保育のなかで遊びを広げてみてください。みなさんの好きな具は何ですか？ 子どもたちにも聞いて楽しんでください！（翔）

8 ♪なかみは なにか わかる かな

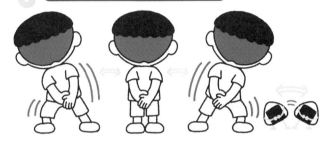

「なかみは」で右に足を踏み出しそろえ、「なにか」で左に足を踏み出しそろえる。「わかる」「かな」も同じ。

9 ♪しゃけ

顔の前で両手でおにぎり（楕円または三角）をつくり、振り返る。

10 ♪うめ

⑨と反対に振り返る。

11 ♪おかか

手のひらを前に向け、⑩と反対に振り返る。

12 ♪なんでも あうあう おむすびくん

前を向いて肘を曲げ、腕を脇にパタパタつけながら、足踏みをする。

13 ♪しあげは

右手を左胸につける。

14 ♪のりを

左手を右胸につける。

15 ♪ま き ま しょ う

右手、左手を体に巻きつけながら、少しずつしゃがんでいく。

16 ♪ウー！

両手のこぶしを胸の前に出し、おしりを突き出す。

次ページへつづく

17 ♪のりのり のり ふりふり

16の体勢のまま、腕と腰を左右に振る。

18 ♪かわいい

右手⇒左手の順に頬につける。

19 ♪おむすびくん

両手を頬につけたまま、がに股になり2回屈伸する。

20 ♪のりのり のり ふりふり

17と同じ。

21 ♪おいしい

18と同じ。

22 ♪おむすびくん

両手を頬につけたまま、その場で走って1周する。

23 ♪イェー！

顔の前で両手でおにぎり（楕円または三角）をつくり、片足を前に出してポーズをとる。

2番

★ **1**〜**23**を くり返す。

（くり返し）

★「のりのり のり 〜〜イェー！」で **17**〜**23**を くり返す。

後奏

顔の前でおむすび（楕円または三角）をつくり、左右に揺れる（4拍）。

パク♥

体を真ん中に戻し、おむすびを食べるまね。

発展遊び

おむすびくんカードで具材絵合わせ遊び

おむすびくんカードをつくって、絵合わせ遊びに発展させてもいいですね。裏面には、歌に出てくる、うめやしゃけなどの具材を描き、順番にめくりながら絵合わせを楽しみましょう。

うめ
おかか
たらこ
さけ

2歳から

うんぱかうんぱ！

楽譜➡P.19

1 ♪てが くっついて とれないよ じゅもんを となえよう

胸の前で両手を合わせて肘を張り、リズムに合わせて左右に動かす。

2 ♪うんぱかうんぱ うんぱっぱ！ うんぱかうんぱ うんぱっ

1の動きを速くする。

3 ♪ぱ！

両手をはなして手のひらを前に向ける。

4 ♪まほうが とけました

リズムに合わせて両手を上下に動かす。

5 ♪ホッ

胸の前で両手を交差させ、体つける。

6 ♪あー！

5の状態のまま、のけぞる。

くり返し① **7** ♪てが くっついて とれないよ 〜〜〜うんぱかうんぱ うんぱっ

5の状態のまま、リズムに合わせて体を揺らす。

8 ♪ぱ！

3と同じ。

9 ♪まほうが とけました

4と同じ。

10 ♪ホッ

両手を頬につける。

11 ♪あー！

10の状態のまま、のけぞる。

くり返し② **12** ♪てが くっついて とれないよ 〜〜〜うんぱかうんぱ うんぱっ

11の状態のまま、リズムに合わせて体を揺らす。

13 ♪ぱ！

3と同じ。

14 ♪まほうが とけました

4と同じ。

やめられない!? おもしろさ!

永遠に続けることができるあそびうた!? でも、あまり長くやりすぎないことも次回が楽しみになるポイントです。くっつく場所は保育室ならピアノやテーブル、外遊びなら遊具などにしてみましょう。「あー!」の後、「次はすべり台ね」といろいろな場所にくっついて園庭を走り回って遊んでも楽しいですね。また、友達同士で肩を組んだり、みんなで肩に手をあてて列になってみたり。子どもたちの声を拾いながら遊びを広げていきましょう。(翼)

15 ♪ホッ
隣の人と向かい合い、両手を合わせる。

16 ♪あー!
15の状態で両手を合わせたまま、2人同じ方向に体をかたむける。

くり返し③ **17** ♪てが くっついて とれないよ〜〜 うんぱかうんぱ うんぱっ
両手を合わせたまま、リズムに合わせて左右に動かす。

18 ♪ぱ!
手をはなして前を向く。

 19 ♪まほうが とけました
リズムに合わせて両手を上下に動かす。

 **20** ♪わーい!
両手を上げる。

うんぱかうんぱ!

TRACK 5

作詞／鈴木 翼　福田翔
作曲／鈴木 翼
編曲／まつむらしんご

19

子どもたちのすてきな表現を捉えるために

福田 翔

子どもたちに見えている世界

　乳児の子どもたちと生活しているといろいろな発見と驚きの連続ですよね。体の諸感覚をしっかりと使って、日々周りの世界と出合っているのだなと思わせられます。

　例えば、子どもは飛行機が高く飛んでいて、とても小さく見えるにも関わらず指をさしたり、ヘリコプターの音をいち早く聴きとり、「あ！」という表情をして教えてくれたりします。

　生活をしている場は同じはずなのに、見えている景色、聞いている音、共に生きている世界をよりいきいきと捉えて生活していることに気づかされます。

　このような、すてきな世界を自分から一つ一つ表現してくれる子どもたち。では、大人は子どもたちの表現をどのように捉えていけばいいのでしょうか。

　「子どもの感性を育てよう」という言葉をよく聞きますが、それは逆ではないかと思っています。子どもの方が感性豊かに世界を見ているような気がします。私たち大人が気づかせてもらう、思い出させてもらうことのほうが多いのではないでしょうか。

　子どものいきいきとした表現を捉えるために、大人自身が感性を磨き、豊かに取り戻したいと思う日々です。

耳を澄まして自然の音を聴いてみる

　現在、私は大学で【保育内容指導法・表現】という授業を担当しています。第一回目の授業では、大学の外を散歩して音を聴く、サウンドウォークというものを行っています。普段耳にしている音に改めて気づく機会をつくり、そこから感じたこと、自分の好きな音、嫌いな音を考えてみたりします。普段は意識しない聴覚をしっかりと使うことで、自分を見つめなおすきっかけにもなっていきます。

　このCDブックには『はじまりはいつも』(P.6) という歌が収録されています。この歌詞は、実際に私が自然のなかで音を聴くところから生まれました。風が吹く音に耳を澄ましているうちに、体いっぱいにその音が広がって、心が躍り出していきました。これってまさに「音楽のはじまりなんじゃないか!?」と興奮し、自分なりの音楽のはじまりを発見した瞬間でもありました。音を聴き、それを感じて、自分の内外に意識を向けていくこと、「はじまりはいつもぼくからなんだ」、そう思って歌詞を書きました。

あそびうたをどのように子どもたちに届けるか

　「表現」をどう考えているかによって、あそびうたをどのように捉え、どのように子どもたちへ届けていったらいいのかも変わってくるのだと思います。

　このCDブックでは、ふれあい遊び、体遊び、手遊び、ダンスなど、さまざまなあそびうたを紹介しています。子どもたちのいろいろな表現や反応を大切にしながら遊んでもらえたらと思います。どんな表情をしているかな？　どこで笑ったりしているかな？　と注目しながら、一緒に笑い合いながら、くり返し遊んでください。

　歌は身近にあるものだけれど、そこに心を寄せて、想いをのせることで「音楽」になっていく。子どもたちと互いに心を通わせながら、これからも生活のなかで歌やあそびうたを楽しんでほしいと思います。

　"うたいあい、ふれあい、わらいあい、あそびうたを心の架け橋に"。

イエイ! イエイ! ジュース!!

楽譜➡P.25

ダンス

行事　子育て支援

自分のジュースをつくろう!

　この曲は、ジュースに見立てたカップなどを手に持って踊るという設定のダンスです。大きめなプラスチックのカップなどに好きな色のカラーセロハンや画用紙を入れて、自分の好きなジュースをつくりましょう!

大きめなプラスチックカップ

好きな色のカラーセロハンや画用紙

前奏

カップを両手で持ってしゃがみ、リズムに合わせ両手を左右に揺らしながら少しずつ立ち上がる(12拍)。

カップを頭の斜め上に上げ(2拍)、胸の前に戻す(2拍)。

1番 1 ♪のどが カラカラの あなたに

4回

カップを胸の前で持ち、膝を曲げてリズムをとりながら、カップを上下させる(4回)。

2 ♪おとどけします

両手を右斜め前に出す(2拍)→胸の前に戻す(2拍)→左斜め前に出す(2拍)→戻す(2拍)。

3 ♪あまい きおくに のこるような

4回

1と同じ。

4 ♪フレッシュ ジュース

2と同じ。

好きなジュースをつくって踊ろう！

保育の現場で子どもたちに大人気のジュース屋さんごっこ。その遊びの延長にこんなダンスがあったら、子どもたちは楽しいだろうし、興味を持ってくれるのではないかなと思います。みなさんはどんなジュース屋さんごっこをしていますか？　普段の遊びがそのまま運動会や発表会につながると、より子どもたちのいきいきとした顔を見ることができるでしょう。保護者が一緒に踊っても盛り上がること間違いなし！（翼）

5 ♪とろける メロンに

体を右にひねる（2拍）→元に戻す（2拍）
→左にひねる（2拍）→戻す（2拍）。

6 ♪マスカット

5と同じ。

7 ♪まぜて まぜて

体の前でカップを回す。

8 ♪さあ どう

4回

両手を胸の前で上下させる（4回）。

9 ♪ぞー！

体の前で弧を描くように両手を前に出し、元に戻す。

10 ♪ハイハイハイハイハイ

両肘を張り、左右に振る（5回）。

11 ♪イエイ イエイ ジュース
ジュジュジュジュ ジュース イエイ イエイ ジュース

両手を右斜め上に出す（2拍）→胸の前に戻す（2拍）→
左斜め上に出す（2拍）→戻す（2拍）。3回くり返す。

次ページへつづく

12 ♪もういっぱい

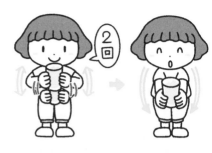

両手を2回上下させ、最後の「い」で前に出す。

13 ♪イエイ イエイ ジュース
ジュジュジュジュ ジュース
イエイ イエイ ジュース

11と同じ。

14 ♪カンパイ

片手でカップを持って
上に上げる。

15 ♪あまい うれしい
おいしい

走って1周回り、「おいしい」の後で
両手を上げてジャンプする。

16 ♪とろける
ジューシー
フレッシュ

15と反対周り。

17 ♪イエイ！

両手を上に上げる。

間奏

★近くの友達
同士でコップを
触れ合わせて
乾杯する。

2番 **後奏**

★1〜17を
くり返す。

カップを両手で持ってしゃがみ、リズムに合わせ両手
を左右に揺らしながら少しずつ立ち上がる（12拍）。

カップを頭の斜め上に上げ（2拍）、顔の前に
下げて横にずらし、顔を出す（2拍）。

発展遊び

ジュース屋さんごっこをしよう！

ダンスをする前や後にジュース屋さんごっこで遊んでみましょう。つんできた花をビニール袋に入れてつぶしてジュースにしたり、ペットボトルに水を入れていろいろな色の食紅を混ぜ合わせたりしてジュースをつくります。子どもたちにとって、このダンスがより楽しくなるでしょう。

※子どもが誤って飲まないように注意しましょう。

イエイ! イエイ! ジュース!!

作詞／鈴木翼　作曲／福田翔
編曲／本田洋一郎

0歳から

アニマルせんたくき

楽譜➡P.30

ふれあい遊び
体遊び
毎日の保育 子育て支援

1番

1 ♪ネズミくんの せんたくき はやいせんたくき

子どもを膝にのせ、リズムに合わせて左右に体を揺らす。

2 ♪ピピピ

子どものお腹を人さし指で3回押す。

3 ♪チュッチュ チュッチュッチュ〜〜 〜〜あらいます ×2

子どもを両手で支えながら、左右に細かく揺らす。

4 ♪チュー

最後にもう一度細かく揺らす。

2番

5 ♪ゾウくんの せんたくき おおきい せんたくき

1と同じ。

6 ♪ピピピ

2と同じ。

7 ♪パオーン パオーン〜〜〜〜あらいます ×2

子どもを両手で支えながら、体を前後に動かす。

8 ♪パオーン

最後に思い切り体を後ろにそらす。

3番

9 ♪コアラくんの せんたくき やさしい せんたくき

1と同じ。

10 ♪ピピピ

2と同じ。

11 ♪ユラ ユラ〜〜〜〜あらいます ×2

子どもを両手で支えながら、体を回す。
途中で反対回りに。

12 ♪ユラー

最後にもう一度ゆっくり回る。

いろいろな動物の動きが洗濯機に!

いろいろな動物がでてきて、それぞれの洗濯機で洗濯します。大人と一緒にふれあって体を動かしたり、できる子は自分で体を動かしたりして遊んでもいいですね。ねずみの細かい動き、ゾウの大きくゆったりとした動き、コアラのゆっくりとした動き、シロクマの元気で激しい動きをそれぞれ楽しみながら遊んでみてください! 慣れてきたら、違う動物をイメージした動きで、遊びを発展させてもおもしろそう!(翔)

4番

13 ♪シロクマくんの せんたくき かっこいい せんたくき

1と同じ。

14 ♪ピピピ

2と同じ。

15 ♪ザブン ザブン〜〜〜〜〜あらいます ×2

子どもの両足を持って、体を前後に揺らす。

16 ♪ザブーン

子どもの足を持ったまま最後に大きく後ろに体をそらす。

17 ♪さいごに しぼって ぎゅー

子どもをぎゅっと抱きしめる。

18 ♪せんたく おしまい

お腹をポンポンたたき、最後に「高い高い」をする。

アレンジ ハンカチ遊びで洗濯ごっこ

ハンカチを広げてお互いに端を持ちます。ネズミ⇒細かく揺らす、ゾウ⇒上下に大きく揺らす、コアラ⇒横にゆっくり揺らす、シロクマ⇒激しく揺らす、のように動物ごとに変化をつけて楽しみます。最後は真ん中でぎゅーとしぼり、子どもの腕に干してもいいですね。2〜3人で遊べます。

♪パオーン パオーン〜〜

♪さいごに しぼって ぎゅー

♪せんたく おしまい

かけるかける
～ふれあいバージョン～

ふれあい遊び
指示遊び

毎日の保育　子育て支援

楽譜➡P.31

1番

1 ♪かけるかける なにかける かけるかける

子どもを膝に座らせて、子どもの両手を持ち、リズムに合わせて左右交互に上下させる。

2 ♪でんわ「もしもし」

「もしもし」で、子どもの片手を電話に見立て耳にあてる。

3 ♪かけるかける なにかける かけるかける

1と同じ。

4 ♪アイロン「スー」

「スー」で、子どもの片手をアイロンのように滑らせる。

5 ♪でんわ「もしもし」

2と同じ。

6 ♪アイロン「スー」

4と同じ。

7 ♪でんわ「もしもし」

2と同じ。

8 ♪アイロン「スー」

4と同じ。

9 ♪かけちゃった

1と同じ。

10 ♪でんわ「もしもし」

2と同じ。

★ **2番** 以降、**1**と**9**は共通。

28

子どもの表情を見ながら遊ぼう！

「かける」を使う言葉はたくさんありますよね。以前、翼さんとつくった『かけるかける』というあそびうたのふれあい遊びバージョンをつくりました。子どもとのふれあいを楽しみながら遊んでください。「わざ」では、子どもの表情を見ながら、へんてこなポーズになるようにすると楽しいですよ！幼児の場合は、その場に立ってポーズをとって遊んでもいいですね。スピードアップしたときは、間違えても大丈夫！　そこが楽しいんです！（翔）

2番

♪わざ「ヤー！」

「ヤー！」で、柔道の技をかけるように、子どもをやさしく横に倒す。

♪ふりかけ「パラパラ」

「パラパラ」で、子どもの頭にふりかけをかけるような仕草をする。

発展遊び

いろいろな「かける」を探してみよう！

子どもたちに「『かける』ものは、他に何があるかな？」と聞いてみてください。「タオル！」「帽子！」など生活に関わるものを教えてくれたりします。以前、「じ！じ‼」と言う子がいて、最初はわからなかったのですが、その子の手の動きから、「字」であることに気づきました。可能形の「書ける」だったのです！

3番

♪はちみつ「トローン」

「トローン」で、子どもの頭から肩にかけて、はちみつがトロンとかかるように両手を沿わせる。

♪エンジン「ブーン！」

「ブーン！」で、子どもを両手で支えながら、体を後ろにそらす。

くり返し

★「でんわ」「アイロン」「わざ」「ふりかけ」「はちみつ」「エンジン」の動作を、歌詞に合わせて行う。

♪ピザ「ビヨーン！」

「ビヨーン！」で、子どもの両手を左右に開く。

最後

♪きにかける

子どもをいたわるように「大丈夫？」と顔をのぞきこむ。

アニマルせんたくき

作詞／福田翔　作曲／鈴木翼
編曲／下畑薫

Original Key = E

1. ネ ズミくんのせんたくき　は やー い せんたくき
2. ソ ーウくんのせんたくき　おおき い せんたくき
3. コ アラくんのせんたくき　やさし い せんたくき
4. シロクマくんのせんたくき　かっこ い い せんたくき

チュッチュッ チュ　チュッ チュチュッーチュ あ らいますー　チュッ チュチュッーチュッ チュ チュッチュッ チュ

チュッチュチュッーチュ あ らいますーチュ ー　ピ ピ ピ ー　パ オーン パオーン パ

オ パ オパオーン　パ オーン パオーン あ らいますー　パ オーン パオーン パ オパオパオーン　パ

オーン パオーン あ らいますーパオ ーン　ピ ピ ピ ー　ユ ラユーラー

ユラユラー　ユ ラユーラ あ らいますー　ユ ラユーラー ユラユラー　ユ ラユーラ あ

らいますー ユラ ー　ピ ピ ピ ー　ザ ブーン ザブン ザ ブンザブンー　ザ

ブーン ザブン あ らいますー　ザブーン ザブン ザ ブンザブンー　ザブーン ザブン あ

らいますー ザ ブ ーン　さいごに しぼって ぎゅー せんたくおしまい

30

かけるかける
～ふれあいバージョン～

作詞／鈴木翼　福田翔
作曲／鈴木翼
編曲／まつむらしんご

Original Key = A

2歳から

みんなにんじゃ音頭

楽譜➡️P.36

音頭

行事　子育て支援

前奏

リズムに合わせて手拍子をとる（8回）。

1番 **1** ♪にんにんにん！

人さし指を立て忍者のポーズをとり、その場で3回ジャンプ。

2 ♪ににんじゃ

片足を前に踏み出すと同時に、胸の前で交差させた手を前に開く（手のひらは下）。

3 ♪にん！

人さし指を立て忍者のポーズ。

4 ♪にんにんにん！

1と同じ。

5 ♪ににん

2と同じ。

6 ♪じゃ にーん！

忍者のポーズに戻り、その場で1周する。

7 ♪きらきら かがやく つきよの ばん

顔の前にこぶしを握った腕をおき、もう片方の手のこぶしは腰につけ、前かがみになってゆっくり歩く（しのび足）。

8 ♪スポットライトが ぼくらを てらす

両手のひらで顔を隠しながら、斜め前を左右交互に見上げながら歩く。

9 ♪にんにん

2回手拍子（2拍）。

手裏剣を飛ばすように合わせた手のひらをこするようにして、片手を斜め上に伸ばすと同時に片足を前に出す（2拍）。

10 ♪にんじゃが

手と足は反対側で9と同じ。

みんなが大好きな にんじゃが音頭に!

簡単な動きのくり返しなので、すぐに覚えて楽しく踊れます。忍者のしのび足や手裏剣なども出てくるので、忍者になりきって踊りましょう。忍者の衣装を着てもいいですね。また、CDに収録した掛け声もおもしろくて、レコーディングで大笑い! どんな言葉が登場するかお楽しみに。子どもたちともいろいろな掛け声で楽しんでください。やぐらを囲んで輪になって踊るのはもちろん、普段の保育のなかでも遊んでもらえたら嬉しいです。(翔)

11 ♪あつまっ

9と同じ。

12 ♪て

10と同じ。

13 ♪こよいは おどろう みんな にんじゃおん

胸の前でこぶしを回しながら、その場で1周する。

14 ♪ど

人さし指を立てた忍者のポーズで、リズムに合わせて膝を曲げる(4回)。

15 ♪にんにんにん!

1と同じ。

16 ♪ににんじゃ

2と同じ。

17 ♪にん!

3と同じ。

18 ♪にんにんにん!

1と同じ。

19 ♪ににん

2と同じ。

20 ♪じゃにーん!

6と同じ。

2番 **3番**
★7〜20をくり返す。

くり返し

♪にんにんにん〜〜にーん!
★15〜20をくり返す。

後奏

リズムに合わせて手拍子をとる(4回)。

最後 にん

人さし指を立てた忍者のポーズ。

33

なんでもたんちき

2歳から

楽譜➡P.37　毎日の保育　子育て支援

1番　1
♪なんでもたんちき
ピーピピピ ピピピ
おたから さがして
ピーピピピー
　　×2

両手の親指同士をつけ、手のひらを下に向けて「探知機」に見立て、自由に歩き回る。

2　♪ピピピピ

探知機が何かを見つけて反応したように、手を動かしながら「ピ」で手を止める。

3　♪ピピピピピピピピ

動きを速くして反応したものが近くなっている様子を表す。

4　♪ピー

探知機が発見したというように手を止める。

5　♪ここだ はい！

地面を指さす。

6　♪ほってほって ほってって　×3

リズムに合わせ、シャベルで掘るまねをする。

7　♪あったー

発見したものを拾おうとするまねをする。

みんなで楽しむ そのプロセスが大切

クラス遊びや保護者など大勢が集まったときにも遊べる遊びです。みんなで一緒に楽しむことがポイントです。製作遊びで探知機をつくって探検しても楽しいですよ。実際に砂場や土を掘ってみたりすると、何か発見があるかもしれません。掘るということがとにかく楽しい！ 結果よりも掘っているプロセスが大事なのです。何か見つからなくても「楽しかったね！ また掘ろうね」が大切。遊び終わったら埋めて元に戻すまでが探検です（笑）。（翼）

8 ♪かいがらだった

拾ったものを見て、貝がらだったと残念がる。

9 ♪ほい！

拾ったものを腕と脇の間に入れるまねをする。

★ **2番** は **1〜7** 共通。

★ **3番** は **2〜7** 共通。

シアター遊びも！
なんでもたんちき シアター →P.54

巻末で『なんでもたんちき』のシアター遊びを紹介しています。型紙つきなので、すぐに遊べます。『なんでもたんちき』の歌を歌いながら楽しんでください！

2番 ♪ビーだまだった

拾ったものを見て、ビー玉だったと残念がる。

♪ほい！

9 と同じ。

3番 ♪おたからだ！

ついに発見したお宝を持ち上げるまねをする。

♪やったー！

両手を上げて喜ぶ。

アレンジ 乳児の場合は ふれあい遊びに！

乳児の場合は、大人が子どもを膝にのせ、片手を「探知機」に見立ててお腹や胸のあたりに手のひらを向けながら動かします。「ピ ピ ピ ピ」で手を止めながら、「ここだ」で体のどこかに指をさし、「ほってほって〜」でその場所をくすぐります。いつくすぐられるかドキドキさせたりして楽しんでください。

♪なんでもたんちき ピーピピピ ピピピ おたから さがして ピーピピピー

♪ほってほって ほってって

TRACK 9
みんなにんじゃ音頭

作詞／福田翔　作曲／鈴木翼
編曲／柿島伸次

Original Key = A

にんにんにん！　に にんじゃにん！　にんにんにん！　に にん じゃー にーん！

1. きらきら　　　かがやく　　つきよのばん　　　スポット
2. たいこを　　　た ー たけ　のろしをあげろ　　にーげも
3. た ー ま に　　し のんで　やっぱやめーて　　マ キ ビ シ

ライト が　　　ぼ くらをてらす
かくれ も　　　い たしーまーせん
まーいて　　　やっぱひーろーう

にんにん　　にんーじゃが

あ つ まー って　　こよい はお どろう　　みんー なにんじゃおん

ど　　　にん にん にん！　に にんじゃにん！　にん にん にん！

1.2.
に にん じゃー にーん！

3.
にーん！　　　にん にん にん！

に にんじゃにん！　にん にん にん！　に にん じゃー にーん！

なんでもたんちき

作詞／鈴木翼　作曲／福田翔
編曲／まつむらしんご

なん　でも　たんちき　ピー　ピピ　ピ　ピ　ピピ　　お　たから　さがして　ピー　ピピ　ピー

なん　でも　たんちき　ピー　ピピ　ピ　ピ　ピピ　　お　たから　さがして　ピー　ピピ　ピー

ピ　　　　ピ　　　ピ　　ピ　　ピピピピピピピ　ピー　ここだ　はい！　ほって　ほって　ほってって

ほって　ほって　ほってって　　　ほって　ほって　ほってって　　あったー

1. かい　が　ら　だ　　　っ
2. ビー　だ　ま　だ　　　っ
3. お　ー　た　ー　か　　　ら

1.
た　　　　　　ほい！

2.
た　　　　　　ほい！　　D.S.

Coda
だ！　やったー！

きみがうまれて よかった

バースデーソング

行事　子育て支援

楽譜➡P.39〜41

♪いつも笑顔で　優しいきみに
　心をこめて　うたのプレゼント

★ハッピー バースデー トゥーユー
　ハッピー バースデー トゥーユー
　ハッピー バースデー トゥーユー
　きみがうまれてよかった
　ハッピー バースデー トゥーユー
　ハッピー バースデー トゥーユー
　ハッピー バースデー トゥーユー
　６さい　おめでとう

♪どんな時でも　あたたかくなる
　おひさまみたい　きみはたからもの

★くり返し

　きみはうまれてよかった

自分も友達もみんな
" たからもの "

作詞をする際、翼さんの想いを聞いて、「たからもの」という言葉は入れたいなと思いました。明るい曲調なので、保育室、ホールなどで子どもたちや保育者の方々が歌を元気に届けている姿を思い浮かべながら。自分自身も友達もみんなこの世にうまれた大切な「たからもの」。元気いっぱいみんなで歌ってお祝いできたらいいな。自分がいるからみんながいて、みんながいるから自分がいる。そんなことも歌うときに感じられたらいいなって思います。（翔）

きみがうまれて
よかった

作詞・作曲／鈴木翼　福田翔
編曲／出川和平
ピアノ編曲／別府のどか

（ "きみがうまれてよかった" と伝えていきたい ）

鈴木 翼

「きみがうまれてよかった」と言ってくれる人がいたら

　誕生日は1年に1回の大切な日ですね。『きみがうまれてよかった』（P.38）という曲は、そんな大切な日にこそ「きみがうまれてよかった」と子どもたちに言ってあげたいと思ってつくりました。

　というのは、ある本に「罪を犯して刑務所に入った人にインタビューをすると、自分がいかに親に愛されていなかったかということを8割から9割の人が話す」と書いてあったのを読んだからです。「きみがうまれてよかったよ」と言ってもらえないなんて辛すぎるし、その孤独感が犯罪につながる場合もある、という悪循環がそこにはあるように思いました。

　どんな理由があるにせよ、子どもたちに罪はなくて、一人でも「きみはうまれてよかったよ！」そう言ってくれる人がいたら、その子の運命はよい方向へ進んでいくのではないかと思います。

　だからこそ、歌詞の最後は「きみが」ではなくて「きみは」に変えました。「きみはうまれてよかった」と大人からこの歌を子どもたちに届けたいのです。

きみがうまれて
よかった！

僕らはこのメッセージを伝えていかなければ

　先日、保育園でコンサートをしました。その日は誕生会だったので「ぜひバースデーソングを歌ってください」とリクエストをいただきました。

　子どもたちを前にして「♪きみがうまれてよかった」と歌っていたら涙があふれ、なんというか、幸せな気持ちになったのです。歌を聴いている子どもたちもだんだんと口ずさんでくれて、その笑顔に僕らはこのメッセージをもっと伝えていかないといけないと感じた瞬間でした。

　またある日、インスタグラムのライブでこの歌を歌ったところ、ダウン症のお子さんをもつお母さんからコメントをいただきました。

　そこには「息子は妊娠中にダウン症とわかり、産むかどうか悩みましたが、今では産んでよかった！　あなたがうまれてよかった！　と心から思えるほど幸せいっぱいです。この歌を聴いていたら、そんなことを思い、涙が出てきました。とてもすてきな歌をありがとうございました。障がいのある子を持つママさんに教えてあげたいです！」と書いてありました。

この歌が誰かのそばに寄りそっていけたら

　「きみがうまれてよかった」と言ってあげられるお母さん、とてもすてきですよね。

　ほんの少しでもこの歌が、誰かのそばにあって、誰かを支えたり応援することができたら、それが一番嬉しいです。

　そして、バースデーソングとしてこの歌がたくさんの人に届いて、「自分は生まれてよかった」と自分で思える子どもたちが増えたらいいなと思います。

　ハッピー　バースデー　トゥーユー！
　きみがうまれてよかった‼

ほんのちょっとで いいんだね

メッセージソング

子育て支援 行事

楽譜 ➡ P.45~47

♪「なんで今なの？」「あとにしてね」
どうして言って　しまうのだろう
今だけなのに　今しかないのに
ちょっと　イライラしてしまう

★ほんのちょっとで　いいんだね
てをとめて　きみを　見てみよう
ほんのちょっとで　いいんだね
きみのえがおが　わたしを待ってる

♪「もう出かけるよ」「ほらいそいで」
どうして言って　しまうのだろう
すこしでいいのに　待てればいいのに
しかってしまって　こうかいする

★くり返し

かわいいきみを　だきよせて
なみだこぼれる　やさしくて

★くり返し

"ほんのちょっと" 子どもと向き合う

子育て中は「ほんのちょっと」が難しい……。保育者のときは意識して「なあに?」と子どもに顔を向けていたはずなのに、いざ自分の子どもになるとできない。「ほんのちょっとでいいんだね」と言い聞かせながら、子育ても保育も楽しめたらと思います。それにしても出かける5分前に突然歯を磨くって言い出して、さらに「歯茎と歯が反対だったら大変だねーあはは」と言う娘。「もう出かけるよ!」って言ってしまう自分なのでした (笑)。(翼)

ほんのちょっとで いいんだね

作詞／鈴木翼　作曲／福田翔
編曲／柿島伸次
ピアノ編曲／別府のどか

1. 「な
んで いまなの ー?」　「あ と に し て ねー」　どう して いって　し
うで かけるよー」　「ほ ら ー いそ いでー」　どう して いって　し

ま うのだろうー　いま だ けな のにー　いま し か ないのにー　ちょ
ま うのだろうー　すこ し で いい のにー　まて れ ば いいのにー　しか

SPECIAL TALK -TSUBASA SUZUKI & SHO FUKUDA-

"楽しい"は世界を変える！

鈴木 翼 × 福田 翔

僕は手遊びが苦手で、保育士になったとき1つしか知らなかった (翼)

翼 実は僕、手遊びが苦手で、保育士になったとき、1つだけしか手遊びを知らなかったんだよね。だから、現場で子どもたちを前にしたとき、ものすごく困った（笑）。とにかく、なんか恥ずかしかった。折り紙も苦手で、いまだに鶴は折れません（笑）。翔くんはどう？

翔 意外です！　てっきり得意だと思っていました。僕もすごく苦手意識があって、特に学生のとき、実習で手遊びとか準備しますよね？　そのとき、子どもたちと楽しむというよりも、実習としての評価もあるし、しっかり歌わないといけない！　という思いが先行してしまって、子どもの姿が全く見えてなかったなと。

翼 そんな翔くんが、苦手だった手遊びとかあそびうたを好きになったきっかけは何だったの？

笑い合う時間こそがなによりも大事なんだと思わせてくれた (翔)

翔 僕がはじめてつくったあそびうたは、『ヤクルトきょうだい』という曲で、子どもからの無茶ぶりでつくったんですが、即興で歌ったら、子どもがすごく笑ってくれて。ムチャクチャな歌詞だったけれど、そういう笑い合う時間

こそが大事なんだと思わせてくれた出来事でした。あそびうたで子どもたちと遊ぶことに苦手意識のある学生や保育者に、翼さんから何かいいヒントはありませんか？

自分が楽しまないと、それって、やっぱり伝わらない (翼)

翼 そうだね、まずは"自分が楽しむ"っていうことかな。子どもたちに遊びを伝えるときは、「楽しいんだよ！」っていう気持ちを忘れないことが大切だと思う。自分も楽しくないと、やっぱりそれって伝わらない気がするよね。そのためには、自分が楽しいものを自分で探してみることもポイントかな。講習会に行ったり、遊びの得意な先生に聞いてみるとか。楽しいって簡単で一番難しいよね。そのために、これからも僕らは"楽しい"をもっと伝えていきたい。"楽しい"が世界を変える！　という気がします！（笑）

この本でたくさんの"楽しい"を子どもたちと見つけてほしい (翔)

翔 はい！　そうですね！
苦手意識でやらないのは、もったいない。まずは、この本で遊んでみてほしいです。歌って、遊んで、保育者の方がたくさんの"楽しい"を子どもたちと見つけてもらえたら嬉しいです！

カードケース※を使って
ドキドキ、わくわく！

みんなで歌って
みんなが 笑顔 に！

わくわくシアター

簡単なしかけでも子どもにとっては、ドキドキ、わくわく、くぎづけになること間違いなし！
あれあれ、不思議！　画面に描かれているものが消えて"きれいになった"！
"なんでもたんちき"でお宝を探しに行こう！　楽しいシアターのはじまりです。

\ シアター ❶ /

きれいになった

マグネットと
不織布を使って…

きれいに
なった！

\ シアター ❷ /

なんでもたんちき

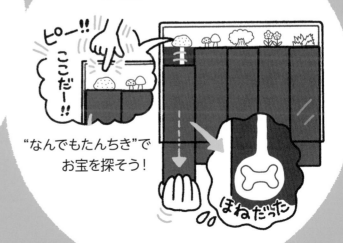

ピー!!
ここだ!!

"なんでもたんちき"で
お宝を探そう！

ほねだった

※カードケースは、書類などを挟む透明なケースです。この遊びで
は持ったときに曲がらない硬質タイプを使用します。「カードケース」
という名称で販売されていることが多いです。

＼ シアター ❶ ／
きれいになった

マグネットを利用して両面から挟むことで画面にくっつき、裏からマグネットを動かすと表面の小道具が動くというしかけです。さらに不織布を貼ると描いたものが消える！ 手洗い指導にも最適なシアター遊びです。

作り方・遊び方

① 用意するもの

A4サイズのカードケース（硬質）とプラスチックカバーつきのマグネット、カバーなしのマグネット、不織布を用意します。

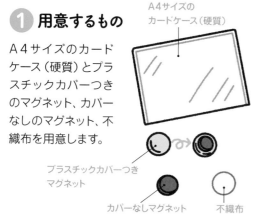

A4サイズの
カードケース（硬質）

プラスチックカバーつき
マグネット

カバーなしマグネット　　不織布

※マグネット、不織布は遊ぶシアターによって必要数用意してください。

② 画面を作る

カードケースの上から
ホワイトボード用
マーカーで描く

遊ぶシアターの画面型紙（P.57〜59）をA4サイズに拡大コピー（115％）して、自由に色を塗り、カードケースに入れます。ホワイトボード用マーカーでカードケースの上に汚れなどを描きます。

※型紙の原寸はB5サイズです。B5でも遊べますが、A4に拡大したほうが遊びやすいです。

③ マグネットで動かす

小道具のバイキン2種（P.60）は、裏にプラスチックカバーなしのマグネットを貼り、画面の両面からマグネットで挟んでくっつけます。裏面でマグネット（プラスチックカバーつきを使用）を動かすことで、表面のバイキンが動きます。

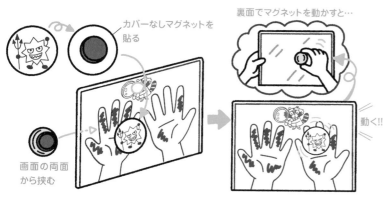

カバーなしマグネットを
貼る

裏でマグネットを動かすと…

動く!!

画面の両面
から挟む

※磁力が反発しない向きで貼るように注意してください。
※磁力が弱いマグネットの場合、落ちてしまうことがあります。

④ 不織布でマーカーを消す

小道具の石っけんやハサミ、カミソリ、歯ブラシ（P.60）は、裏にカバーなしのマグネットを貼り、その上に不織布を貼ります。③と同じように画面の両面からマグネットで挟んでくっつけて動かすことで、マジックボード用マーカーで描いたものが消えます。

マグネットの上に
不織布を貼る

汚れが
消えた!!

裏面で
マグネットを
動かすと…

※不織布は同じものをくり返し使うとマーカーが消えづらくなります。取りかえながら遊んでください。

手洗いバージョン

型紙➡P.57、P.60　楽譜➡P.51

画面とバイキン2種、石けんの小道具を用意します。画面はカードケースに入れ、バイキンと石けんは裏面にカバーなしのマグネットを貼り、石けんは、マグネットの上に不織布を貼ります。カードケースに入れた画面には、ホワイトボード用マーカーで手の汚れを描きます。

保育者 ねぇ、みんなこの手、きれいかな？ お外で遊んだり、クレヨンでお絵かきしたときの汚れが残っているみたいだね。この手でごはん食べていいと思う？

★**バイキンを画面に貼りながら**

保育者 こういう手には、こんなバイキンがついていて、口から体に入ったら、お腹が痛くなったり病気になったりするんだよ。

保育者 （バイキンの声色で）「ヒヒヒヒヒヒ〜」
わぁ、怖いねぇ。
こんなときはどうしたらいいかな？

★**子どもたちに聞く**

保育者 そうだよね、手を洗うんだよね。
それでは、石けんくんを呼んでみよう！

★**石けんを貼りながら**

保育者 （石けんの声色で）「僕がバイキンをやっつけてあげるからね！」
みんなも一緒に歌を歌って、バイキンをやっつけよう！

♪ゴシゴシ（ゴシゴシ）〜〜（『きれいになった』1番）

★**石けんがバイキンを追いかけるように動かす**

保育者 （バイキンの声色で）「わーやられたー」

★**ケースの端でバイキンを外す（素早く手で取る）。同様にもう1つのバイキンをやっつける**

保育者 最後に、指の間や手首など、隅々まできれいに洗おう！

★**みんなで歌を歌いながら、石けんを動かして汚れを消していく**

保育者 きれいになったね！これでごはんも安心して食べられるね！

きれいになった　　　　作詞・作曲／鈴木翼

1. ゴシ ゴシ（ゴシ ゴシ）ゴシ ゴシ（ゴシ ゴシ）て を あ ら おう
2. チョキ チョキ（チョキ チョキ）チョキ チョキ（チョキ チョキ）か み を き ろ う
3. シュッ シュ（シュッ シュ）シュッ シュ（シュッ シュ）は を み が こう

ゴシ ゴシ（ゴシ ゴシ）ゴシ ゴシ（ゴシ ゴシ）きれ い に な っ た
チョキ チョキ（チョキ チョキ）チョキ チョキ（チョキ チョキ）ステ キ に な っ た
シュッ シュ（シュッ シュ）シュッ シュ（シュッ シュ）きれ い に な っ た

※追いかけ歌になっています。

床屋さんバージョン

型紙➡P.58、P.60 楽譜➡P.51

画面とハサミ、カミソリの小道具を用意します。ハサミとカミソリの裏にカバーなしのマグネットと不織布を貼ります。

カードケースに入れた画面には、ホワイトボード用マーカーで髪やひげを描き入れておきます。まゆ毛や目などに描き加えても楽しいです。

保育者 今日は床屋さんにやってきました。みんな髪が伸びていますね。きれいに切ってあげましょう。
みんなも一緒に歌ってね。

★ **ハサミを貼り、みんなで歌を歌いながら女の子の髪を消していく。**

♪ **チョキチョキ（チョキチョキ）〜〜**
（『きれいになった』2番）

保育者 わー、きれいになりました！
では、次の方どうぞ〜。
わー、すごい、モジャモジャですね。
またみんなで歌って、髪を切ってあげよう！

★ **みんなで歌いながら、ハサミで髪を消していく**

保育者 （男の人①の声色で）「すみません、ひげも剃ってほしいんですけど…」
はい、わかりました。

★ **カミソリを貼って、みんなで歌いながら、ひげを消していく（歌詞のチョキチョキ→ジョリジョリに変えても）**

保育者 わー、さっぱりしましたね！
それでは、次の方どうぞー。
（男の人②の声色で）「すみません、なんだか髪の毛が逆立ってしまってぇ」
わぁ、大変ですね。切ってあげましょう！

★ **ハサミを貼って、みんなで歌いながら髪を消していく**

保育者 あれー、ちょっと切りすぎましたかねぇ〜！

歯みがきバージョン

型紙➡P.59、P.60　楽譜➡P.51

画面とバイキン2種、歯ブラシ、ケーキの小道具を用意します。バイキンの裏にはカバーなしのマグネットを貼り、歯ブラシの裏にはカバーなしのマグネットと不織布を貼ります。画面はカードケースに入れます。

保育者 （ゴリラの声色で）「僕は食べるのが大好き！　今日も寝るまえにケーキを食べちゃおう」

★ ケーキを出して、ゴリラに食べさせる

保育者 （ゴリラの声色で）「食べたら眠くなってきちゃった、おやすみ〜」

★ バイキンを貼りながら

保育者 寝ている間にバイキンたちがやってきたよ。
（バイキンの声色で）「いいにおいがするな、ケーキのにおいかなー、ヒヒヒヒヒヒ〜」

★ ホワイトボード用マーカーで歯に汚れを描きながら

保育者 大変だー、歯みがきしないで寝ちゃったから、ケーキが歯の隙間とかに残っていてバイキンがやってきちゃったんだね。
これじゃあ、虫歯になっちゃうよね。

★ 歯ブラシを貼りながら

保育者 みんなで歌いながら、歯をみがこう！

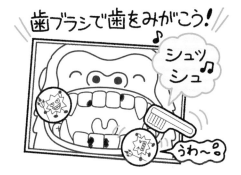

♪シュッシュ（シュッシュ）〜〜（『きれいになった』3番）

★ 何度かみんなで歌い、歯ブラシでバイキンを追いかけてケースの端まで動かし、バイキンを2つ外す

保育者 （バイキンの声色で）「わーやられた〜」
みんな歌ってくれてありがとう！　でも、まだ汚れが歯と歯の間とかに残っているね。
もう少し、歯みがきしてきれいにしよう！

★ みんなで歌いながら汚れを消していく

保育者 ピカピカになったね。
これで虫歯にならなくてすんだね！

なんでもたんちき

型紙➡P.60〜P.62
楽譜➡P.37

P.34で紹介している『なんでもたんちき』のシアターバージョン。みんなでたくさん動いて遊んだ後は、シアター遊びに発展！ 同じ歌なので親しみやすく、ストーリー性もあるので楽しさも倍増です。

作り方

❶ 縦21cm×横12cmの黒画用紙を5枚用意して、それぞれ半分に折ります。

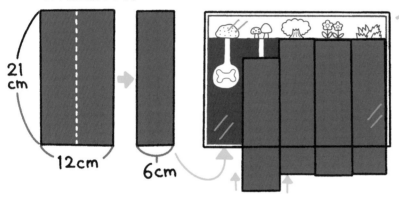

21cm
12cm
6cm

❷ P.61、P.62の画面型紙をA4サイズに拡大コピー（115％）して、自由に色を塗ります。土の中の画面をA4サイズのカードケース（硬質）に入れ、その上に❶の画用紙を端から詰めて入れていきます。

❸ ❷を裏返したときにお宝の画面が見えるように入れておきます。

❹ P.60の鍵の小道具を用意しておきます。

遊び方

※歌は、P.37『なんでもたんちき』と共通です。見つかるものの名前を変えるなど、アレンジして歌ってください。

1

保育者 今日はみんなで「なんでも探検」に出発するよ。どこかにお宝が埋まっているかもしれないんだって！

★人さし指を探知機に見立て、子どもたちに見せながら

保育者 「なんでもたんちき」で探してみよう！ みんなも一緒に歌ってね。

★人さし指を画面の上で左右に動かしながら歌う

♪なんでもたんちき ピーピピピピ ピピピ〜〜 ピピピピ〜〜ピーここだ

★「♪ピピピピ」で手の動きをゆっくりにして「♪ピー ここだ」で石のイラストの上で指を止める

なんでも たんちき♪

ピーピピピピピピピピ

（保育者）探知機が反応したよ！ みんなで一緒に掘ってみよう！

♪ほって ほって ほってって～～

★ **画用紙を下に引く**

★ **子どもたちはシャベルで掘るまねをする**

（保育者）あったー！ あれ、これ何？
骨だった～、残念～！

★ **画用紙を元に戻す**

（保育者）次に行ってみよう！

2 ★ **1と同じように、歌いながら、木のイラストで指を止め、画用紙を下に引く**

（保育者）あれ、セミさんだ。セミさん、こんにちは。
（セミの声色で）「こんにちは。今寝ているところだから、じゃましないで～」
あら、ごめんね。どれくらい寝るの？

「あと3年」
3年も！
長いねぇ。
おやすみ～。

★ **画用紙を元に戻す。**

3 ★ **1と同じように、歌いながら、きのこのイラストで指を止め、画用紙を下に引く**

（保育者）あら、もぐらさんの親子だね。
（モグラの声色で）「みなさん、こんにちは、私はもぐらのお父さんです。今、娘のモグミの3歳のお誕生会をやっているところなんです。
みんなも一緒にお祝いしてもらえますか？」
じゃあ、みんなで『ハッピー バースデー トゥーユー』を歌ってあげよう！

♪ハッピー バースデー トゥーユー～～

（保育者）モグミちゃん
おめでとう！

★ **画用紙を元に戻す。**

4

（保育者）まだお宝は見つからないね。でも、まだ掘っていないところがあるから行ってみよう！

★ **1と同じように、歌いながら、花のイラストで指を止め、画用紙を下に引き、途中で止める**

（保育者）あれぇ、何もないねぇ。おかしいなぁ。そうだ、セミさんに聞いてみよう！

★ **画用紙を元に戻し、「♪ほって ほって～～」の部分を歌いながら、もう一度セミがいたところの画用紙を下に引く**

保育者 セミさん、お宝どこにあるか知らない？
（セミの声色で）「もっと掘ったらいいんじゃないの。
もう、眠いから寝かせてよ」
ごめん、ごめん！

★ **画用紙を戻しながらセミの頭を出して止める**

保育者 （声色を変えて）「ちょっと〜、頭出てるよぉ〜」
あ〜、ごめん、ごめん！

★ **画用紙を元に戻す。**

5

保育者 セミさんは「もっと掘ったほうがいい」って言っていたね。じゃあ、もっと掘ってみよう！

♪ **ほって ほって ほってって〜〜**

★ **もう一度、花のイラストの下の画用紙を一番下まで引く**

保育者 あったー！！　お宝だ！　やったー！
あれ、鍵がかかってる！　どこかに鍵が埋まっているかもしれない。まだ、掘っていないところがあったよね。探してみよう！

6

★ **1と同じように、歌いながら、草のイラストで指を止め、画用紙を下に引いていく**

★ **鍵のイラストを指で隠して**

保育者 あれー、何もないね。もう一度、探知機で探してみよう。

★ **「ピ ピ ピ ピ ピ」と言いながら探知機に見立てた指で鍵のあたりを探す。**

保育者 探知機、反応しているね。このあたりかな。

★ **鍵を隠していた指を外して**

保育者 あったー！！
この鍵で宝箱を開けてみよう！

★ **小道具の鍵を持って箱を開けるまねをする**

保育者 ガチャガチャガチャ。
あ、開いた！

★ **画面を裏返しにして**

保育者 わー、お宝がいっぱい！　やったねー！

56

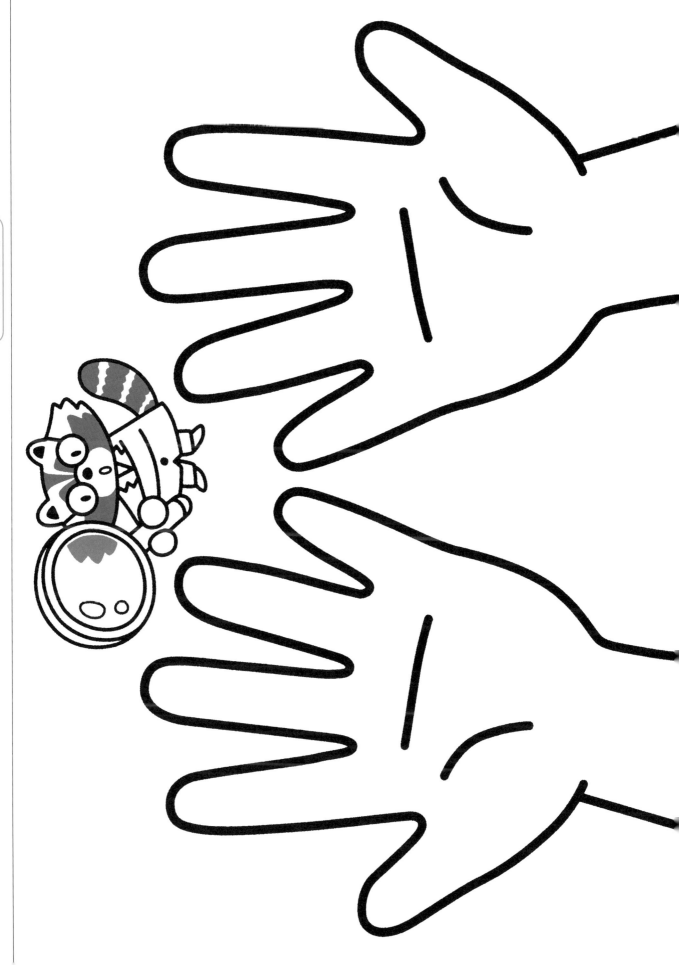

◀床屋さんバージョン（遊び方 P.52）

※115％拡大するとA4サイズになります。

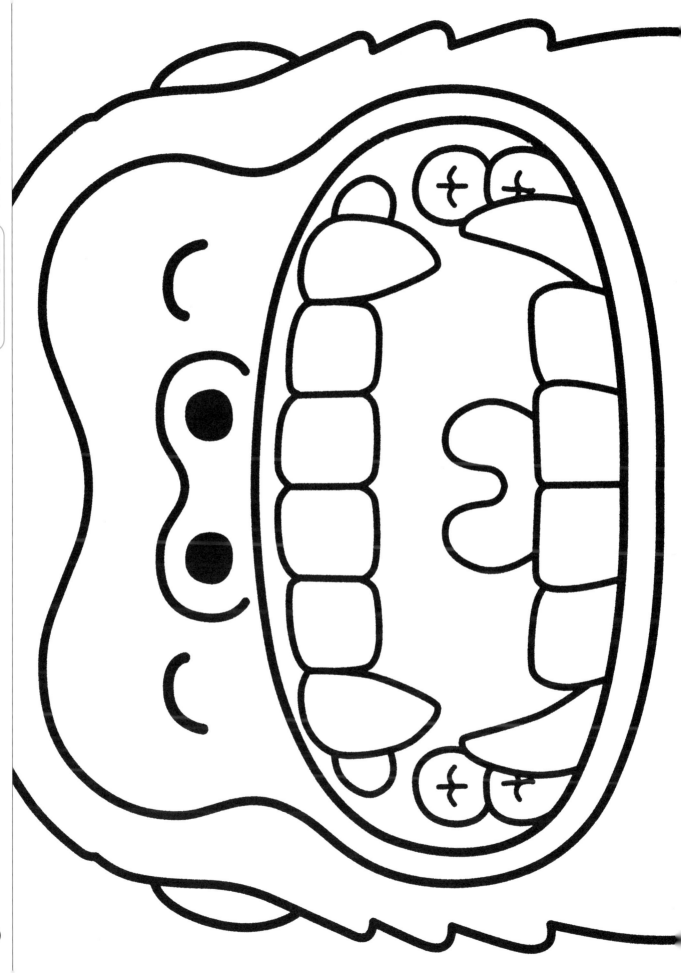

▶歯みがきバージョン（遊び方 P.53）

※115％拡大するとA4サイズになります。

◀バイキン
(P.51、P.53)

◀バイキン
(P.51、P.53)

◀石けん
(P.51)

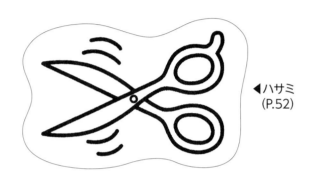

◀ハサミ
(P.52)

◀カミソリ
(P.52)

▼歯ブラシ
(P.53)

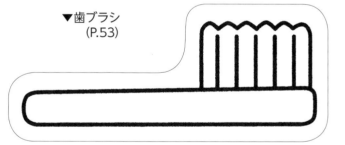

▼鍵 (P.54)

ケーキ▶
(P.53)

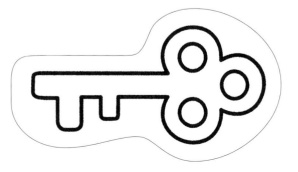

※コピーして使用してください。

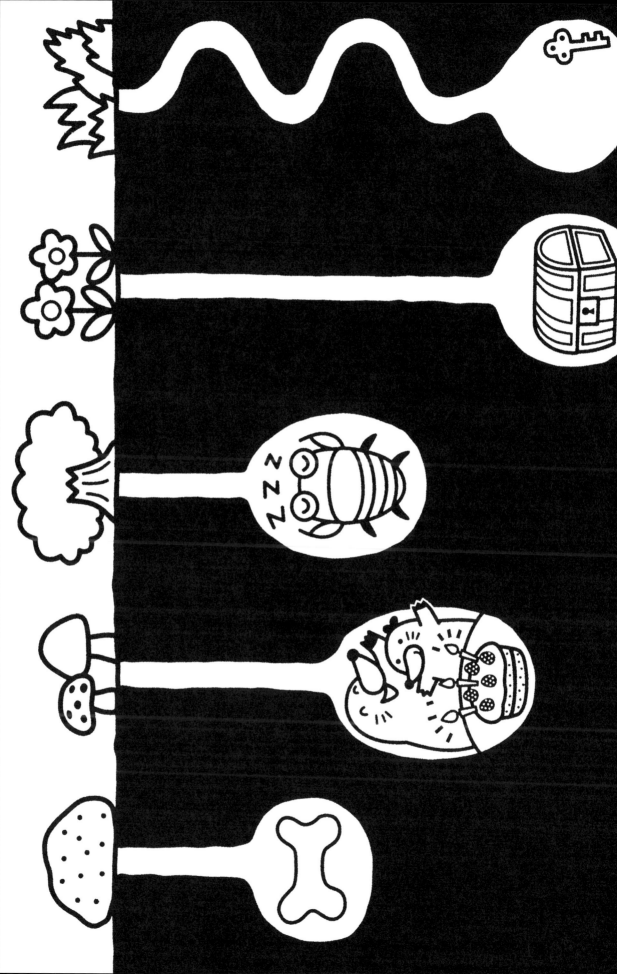

なんでもたんちき

型紙／画面（表）

▶土の中（遊び方P.54）

※115％拡大するとA4サイズになります。

◀お宝（遊び方 P.54）

※１１５％拡大するとＡ４サイズになります。

鈴木 翼

保育園、子育て支援センターに8年間勤務後、2009年あそび歌作家へ。ファミリーコンサート、保育者向けの講習会や保育園、幼稚園、子育て支援センターでのコンサートなど、全国各地でライブを行うほか、絵本、パネルシアターの制作、雑誌への執筆、子ども向け番組への遊びの提供・出演など、活動を広げている。

■主な作品
CD『新沢としひこ＆鈴木翼のハッピーミュージックアワー！』（キングレコード）
書籍『鈴木翼のGO! GO! あそびうた』（鈴木出版）
書籍『鈴木翼のちょこっとあそび大集合！』（ひかりのくに）
CDブック『鈴木翼＆福田翔の いない いない わお！』共著（鈴木出版）
CDブック『鈴木翼＆福田翔の ファンファン・ファンタジー』共著（世界文化社）
CDブック『ワクワクあふれだす』『のびるちぢむくん』共著（ソングブックカフェ）
絵本『このドアだれのドア？』（鈴木出版）
パネルシアター『おばけマンション』（アイ企画）
ほか多数

◆ソングブックカフェ ホームページ
https://www.songbookcafe.com/

福田 翔

保育園に8年間勤務後、2014年よりあそび歌作家として活動を開始。全国の保育園、幼稚園、児童館などで、子ども向け、親子向けのあそびうたコンサートや保育者向けの講習会などを行っている。また、保育雑誌へのあそびうたやパネルシアターの提供、子ども向け番組への楽曲提供なども行っている。

■主な作品
CD『しょーくん・つーくんの からまった テヘッ！』（ソングレコード）
CD『普段づかいの わんぱく!!＆0・1・2才あそびベスト』（キングレコード）
CDブック『鈴木翼＆福田翔の いない いない わお！』共著（鈴木出版）
CDブック『鈴木翼＆福田翔の ファンファン・ファンタジー』共著（世界文化社）
CDブック『ワクワクあふれだす』『のびるちぢむくん』共著（ソングブックカフェ）
パネルシアター『まちのおふろやさん』（アイ企画）
ほか多数

カバーイラスト／ザ・キャビンカンパニー
本文イラスト／ハセチャコ、Igloo*dining*
写真／藤田修平
デザイン／Zapp!（高橋里佳）
楽譜制作／株式会社クラフトーン
制作協力／株式会社ソングブックカフェ
編集担当／乙黒亜希子

鈴木 翼 ＆ 福田 翔 の
イェイ！イェイ！ジュース!! 0・1・2歳からのあそびうた

2021年8月19日 初版第1刷発行
2024年3月18日 初版第2刷発行

著 者 鈴木翼 福田翔
発行人 西村保彦
発行所 鈴木出版株式会社
〒101-0051 東京都千代田区神田神保町2-3-1
岩波書店アネックスビル5F
TEL.03-6272-8001（代） FAX.03-6272-8016
振替 00110-0-34090
ホームページ https://suzuki-syuppan.com/

印刷所 株式会社ウイル・コーポレーション

付録 CD 曲目リスト

鈴木 翼 & 福田 翔の イエイ!イエイ!ジュース!!

0・1・2歳からのあそびうた

歌：鈴木翼　福田翔

1　はじまりはいつも [2:20]
作詞／福田翔　作曲／鈴木翼　編曲／本田洋一郎

2　どんどん！どんどん！ [2:28]
作詞／鈴木翼　福田翔　作曲／鈴木翼　福田翔
編曲／まつむらしんご

3　ピタポロ [1:28]
作詞／鈴木翼　作曲／福田翔　編曲／下畑薫

4　のりのり！おむすびくん [2:33]
作詞／福田翔　作曲／鈴木翼　編曲／出川和平

5　うんぱかうんぱ！ [1:43]
作詞／鈴木翼　福田翔　作曲／鈴木翼　編曲／まつむらしんご

6　イエイ！イエイ！ジュース!! [2:41]
作詞／鈴木翼　作曲／福田翔　編曲／本田洋一郎

7　アニマルせんたくき [2:38]
作詞／福田翔　作曲／鈴木翼　編曲／下畑薫

8　かけるかける ～ふれあいバージョン～ [2:45]
作詞／鈴木翼　福田翔　作曲／鈴木翼　編曲／まつむらしんご

9　みんなにんじゃ音頭 [2:53]
作詞／福田翔　作曲／鈴木翼　編曲／柿島伸次
コーラス：別府のどか

10　なんでもたんちき [1:42]
作詞／鈴木翼　作曲／福田翔　編曲／まつむらしんご

11　きみがうまれてよかった [1:42]
作詞／鈴木翼　福田翔　作曲／鈴木翼　福田翔　編曲／出川和平

12　ほんのちょっとでいいんだね [3:23]
作詞／鈴木翼　作曲／福田翔　編曲／柿島伸次

13　 カラオケ 　きみがうまれてよかった [1:42]

14　 カラオケ 　ほんのちょっとでいいんだね [3:23]

※楽譜の構成がオリジナルの音源と異なる場合があります。

※付録CDについて図書館からの貸し出しは差し支えありません
　（必ず本とセットでご対応ください）。

演奏：秋葉敬治（E.Guitar…1）

録音：中山圭 at 横浜橋スタジオ（2021.5）
TD・MS：中山圭 at 横浜橋スタジオ（2021.6）

CDイラスト：ザ・キャビンカンパニー
CDデザイン：Zapp!（高橋里佳）

音楽プロデュース：中川ひろたか（ソングレコード）
制作：株式会社ソングブックカフェ